Spirituelle Seitenwege
Briefe des Schülers an den Meister

Michael Conrad

© 2016 Michael Conrad
Herstellung und Verlag: BoD – Books on Demand, Norderstedt
Umschlaggestaltung, Satz und Layout: Dirk Petersen
Fotografie: Maria Jagesberger
ISBN 978-3-7412-9619-2
Bibliografische Information der Deutschen Nationalbibliothek
Die Deutsche Nationalbibliothek verzeichnet diese
Publikation in der Deutschen Nationalbibliografie;
detaillierte bibliografische Daten sind im Internet
über dnb.d-nb.de abrufbar.

Inhalt

5 Vorwort

9 Erster Brief
Über den Wert der rhythmischen Wiederholung

11 Zweiter Brief
Das Ablegen negativer Verhaltensmuster

15 Dritter Brief
Absichtslose Achtsamkeit im Alltag

18 Vierter Brief
Gefahren der Meditation

24 Fünfter Brief
Über den Umgang mit seinen Mitmenschen

29 Sechster Brief
Vom Zorn zur Liebe

34 Siebter Brief
Sinn menschlicher Existenz

40 Achter Brief
Der selbstsichere Mensch

45 Neunter Brief
Zwei Formen des Glaubens

Vorwort

Dieses Büchlein richtet sich an alle Menschen, welche sich als spirituelle Freigeister verstehen und gleichzeitig bei ihrer inneren Wegarbeit ernsthaft bemüht sind Satori (Erleuchtung) zu verwirklichen und ihre Alltagspersönlichkeit (das individuelle Ich) zu verfeinern, ohne sich mit dieser gleichzusetzen. Die innere Wegarbeit zur persönlichen Entwicklung ist nicht nur eine Angelegenheit des theoretischen Studiums, sondern zeichnet sich vor allem durch eine beharrliche, stetige und disziplinierte Praxis aus, welche in das Alltagsleben eingebettet ist. Im Idealfall kann diese Praxis der Alltag sein (z.B. ein Leben als Mönch oder Nonne). Dies bedeutet keineswegs, dass jede Person, welche sich für eine spirituelle Lebensorientierung entschied, ein der Welt entsagendes Leben führen muss, um sich der Kontemplation gewissenhaft hinzugeben. Wichtiger ist es, das eigene Alltagsleben fortschreitend zu vergeistigen. Im besten Sinne wird die Achtsamkeit zur zweiten Natur des Menschen.

Das eremitenhafte Dasein ist nicht unbedingt zwingend notwendig, um Erkenntnis und Selbsterkenntnis zu erlangen. Die spirituelle Praxis als Eremit, Mönch,

Nonne etc. ergibt sich dann für den spirituell Suchenden, wenn er seine geistigen, körperlichen und seelischen Kräfte bündeln und auf die innere Wegarbeit konzentrieren will oder muss. Der Vorteil eines kontemplativen und von der Welt abgewandten Lebens besteht darin, dass man nicht mehr durch weltliche Angelegenheiten und gesellschaftliche Einflüsse abgelenkt ist, was einem wiederum hilfreich sein kann, wenn es darum geht für sich geistige Klarheit zu erlangen. So war es z.B. für Johannes den Täufer unabdingbar sich in die Wüste zu begeben, damit er durch den Abstand zum gesellschaftlichen Leben bestimmte Einsichten erwerben konnte. Er verweilte eine Zeit lang in der Einsamkeit, um sich ganz frei von allen Ablenkungen auf die innere Einkehr zu fokussieren. Die größte Gefahr, welche die Wegarbeit schwächt oder sogar ganz untergräbt ist im allgemeinen Sinne die Ablenkung bzw. die Ablenkungen. Letztendlich gibt es nur eine Ablenkung, die sich in den verschiedensten Facetten ausdrückt.

Eine der größten Ablenkungen ist die Projektion des eigenen Innenlebens, sprich der Wünsche, Erwartungen, negativen Gefühle, Ängste etc., auf seine Mitmenschen, auf Institutionen, politische Systeme und Parteien etc.

Anstatt mit hoher Aufmerksamkeit die eigenen Defizite unter die Lupe zu nehmen, wird der Blick zusehends auf die Fehler anderer gerichtet. Die Ich-Identifikation genießt regelrecht diese Form der

Zerstreuung, weil jegliche kritische Betrachtung der Alltagspersönlichkeit diese Gleichsetzung gefährden würde. Die ich-identifizierende Alltagspersönlichkeit sucht bevorzugt Möglichkeiten, um im Außen verhaftet zu sein. Dadurch fühlt sie sich nicht genötigt sich zu hinterfragen. Die Quelle der Ablenkung ist die Gleichsetzung mit dem Ego, welche sich mit allen erdenklichen Kniffen und Tricks gegen ihre Überwindung wehrt.

Eine zielführende Praxis ergibt sich aus einer richtigen Theorie, wobei diese nicht die Tat ersetzt. Theoretische Missverständnisse können die Wegarbeit erschweren oder verunmöglichen, da aus ihnen oft eine falsche Praxis resultiert.

Um die spirituelle Arbeit an sich erfolgreich zu bewerkstelligen und wirken zu lassen, bedarf es eines soliden theoretischen Fundaments und hilfreicher Techniken. In diesem Sinne kann ich dem Leser meines Büchleins Hendrik Normanns im Buchhandel erhältliche Bücher „Kreisgedanken" und „Kreisgedanken 2" empfehlen.

Dieses kleine Büchlein, das Ihnen vorliegt, behandelt bestimmte Nebenaspekte der inneren Wegarbeit, um auf ihre Gefahren und Chancen hinzuweisen.

Abschließend danke ich Ruth Gabriel, Hendrik Normann und Dirk Petersen, die bei der Veröffentlichung dieses Büchleins maßgeblich mitwirkten.

Über den Wert der rhythmischen Wiederholung

Freund,
die meisten Leute unterschätzen, was sie langfristig erlangen können und geben oft bei der Verfolgung ihrer Ziele auf. Im Gegenzug überschätzen sie, was sie kurzfristig erreichen können. Dies gilt im allgemeinen für diverse Lebensbereiche (z.B. sportlicher und beruflicher Erfolg oder Heilungen von Krankheiten usw.) und im besonderen für die spirituelle Wegarbeit, die kein gradliniger Erfolgsvorgang ist, da sie doch allzu oft von Rückschlägen geprägt ist. Aber gerade dadurch, dass man trotz der vermeintlichen Missgeschicke die innere Wegarbeit fortsetzt, wird die Persönlichkeit wie ein erhitztes Metallstück im Schmiedeprozess geformt.

Die ich-identifizierende Alltagspersönlichkeit neigt allzu sehr zur Ungeduld, da sie mehr Interesse an den Resultaten als an den Prozessen hat. Die ich-identifizierende Alltagspersönlichkeit braucht die erfolgreichen Ergebnisse meistens, um sich in ihrer angeblichen Grandiosität und Einzigartigkeit bestätigt zu fühlen. Die Alltagspersönlichkeit übersieht zu häufig, dass auch kleine Schritte zum Erfolg führen. Gerade bei der inneren Wegarbeit kommt es auf rhythmische Wiederholung der Praxis an (z.B. Meditation, Gebete, mentale Techniken etc.). Es ist der tropfende Wasserhahn, der den Eimer über Nacht füllt.

Das Wesen der rhythmischen Wiederholung besteht darin, dass kleine Mengen, mit wenig Kraft auf den gleichen Punkt gerichtet, einen lawinenartigen Effekt erzeugen können. Für die Umsetzung der Technik der rhythmischen Wiederholung bedarf es vor allem der charakterlichen Qualität der Geduld. Geduld ist ausdauernde Gelassenheit oder gelassene Ausdauer, welche im Alltag trainiert werden kann. In diesem Sinne ist es unablässig, auch bei den vermeintlich kleinen Dingen des Lebens, Geduld walten zu lassen und die innere Hast zu bezwingen. Denn wer sich schon bei den kleinen Angelegenheiten geduldig beherrscht, wird es leichter haben, bei den bedeutsamen Lebensaufgaben geduldig zu bleiben. Hier bestätigt sich, dass es nicht das Ziel ist, welches uns erleuchtet, sondern die Reise dorthin. Gleichzeitig aber bedarf es des Zieles, um die Reise zu beginnen und fortzusetzen.

Das Sich-Begeben in den spirituellen Lernprozess lässt uns reifen und Satori erfahren. Das Ziel als Einzelnes genommen ist an und für sich für den Menschen wertlos, weil er dazu verdammt ist, die Erleuchtung zu erarbeiten. Es wird ihm nicht einfach zuteil. Dies ist sein Schicksal im kosmologischen Vorgang, da er als ein nicht-gottgleiches Lebewesen in die Welt geworfen wurde.

Das Ablegen negativer Verhaltensmuster

Freund,

im ersten Brief an Dich ging ich auf den Wert und die Bedeutung der rhythmischen Wiederholung für die spirituelle Wegarbeit ein. Die rhythmische Wiederholung, die von Peter Lambertus van Veen für alle Lebensbereiche dargelegt wurde, ist auf längere Zeit eine sehr wirksame Technik, die einem hilft negative Gewohnheiten durch positive zu ersetzen. Die Alltagspersönlichkeit besteht zum großen Teil aus schlechten Gewohnheiten, die Energien an nutzlose oder auch schädliche Beschäftigungen binden, die uns oder andere krank machen oder uns von der Erkenntnisarbeit abhalten. Gewohnheiten weisen einen routinemäßigen Charakter auf, der dem Menschen einerseits hilft, oft alltägliche Handlungen (z.B. Rasieren, Zähneputzen, Radeln, Telefonieren, Schuhe binden etc.) für die Lebensbewältigung automatisch und unreflektiert zu vollführen. Dies erspart dem Menschen mentale Energien und schützt ihn vor geistiger Überanstrengung. Andererseits führen Gewohnheiten auch dazu, dass auch negative, unheilsame Handlungen automatisch und gedankenlos umgesetzt werden (z.B. Fluchen, Aussprechen von Schimpfwörtern, Flatulieren in der Küche seines Freundes, Rauchen, Süchte, Zwangshandlungen etc.).

Durch das rhythmische Wiederholen positiver Handlungen kann man erwirken, dass diese zur Gewohnheit und zur zweiten persönlichen Natur werden. Entscheidend dabei ist der feste Entschluss und die Beharrlichkeit.

Eine mögliche, für sich und andere heilbringende Gewohnheit ist die Freundlichkeitskette, die wiederum mitfühlende Achtsamkeit erfordert und fördert. Anstatt anderen Menschen Schaden zu bereiten, schenkt man seinen Mitmenschen durch wohlgesinnte Dienste eine Freude. Es geht im Gegensatz zum mutwilligen Zerstören um das mutwillige Freudebereiten. Diese Gewohnheit ist eine Geste der allumfassenden Liebe, wenn sie ohne Hoffnung und Erwartung auf eine Gegenleistung praktiziert wird. Dabei muss es sich nicht immer um Großtaten handeln. Kleine Gefälligkeiten vermögen es auch die Mitmenschen zu erheitern. Der Kreativität, wie man seinen Mitmenschen eine Freude machen kann, sind keine Grenzen gesetzt. Die Grundvoraussetzung für eine erfolgreiche Umsetzung ist eine gute Beobachtungsgabe, d.h. seine Mitmenschen recht gut einschätzen zu können. Eine weitere Methode negative Gewohnheiten zu beseitigen oder aufzulösen besteht darin, diese als Energiemuster zu betrachten und ihnen ihre Energie zu entziehen. Der erste Schritt besteht darin, seine täglichen Handlungen und gewohnheitsmäßigen Verhaltensabläufe achtsam zu beobachten. Man lernt, sich bei seinen Handlungen, die man automatisch vollzieht, genau zu beobachten. Man wird seiner gewahr, wie man z.B. die Türe abschließt, wie man isst und trinkt, wie man sich die Schuhe schnürt etc. Man wird quasi zu einer sich selbst beobachtenden „Maschine". Gewohnheiten und Handlungen bilden geschlossene Muster, die sich durch ihre Vollständigkeit auszeichnen. Jedes Teil des Musters ist eine wesentliche Komponente des Ganzen. Die Gänze eines Musters macht seine Kraft aus. Versucht man ein Muster als Ganzes zu vernichten, erweist es sich oft als nahezu unbesiegbar und unverwüstlich. Jeder einzelne Teil liefert seinen wesentlichen Beitrag zur Erhaltung des Ganzen.

Dementsprechend kann man die Dinge ändern, indem man damit beginnt einzelne Elemente aus ihnen herauszunehmen. Konkret bedeutet dies, dass Gewohnheiten und Verhaltensabläufe in diversen Situationen leicht modifiziert werden.

Man beginnt gewohnte Handlungsketten in einer neuen Weise durchzuführen. Man schließt die Tür sehr langsam und bedacht oder mit beiden Händen. Man putzt die Zähne anstatt mit der rechten Hand mit der linken. Man stellt sich den Wecker, während man beginnt sich vor dem Fernseher hinzusetzen. Diese spielerischen Modifikationen sollen nicht dauerhaft als Gewohnheiten installiert werden. Vielmehr geht es darum, die Dinge des Lebens immer neu auf überraschende Art und Weise zu machen als im üblichen Sinne.

Es gibt fünf fundamentale Muster, die viel Energie an sich binden: negative Gefühle, Chaos, Ballast (übermäßiger Besitz einer Sache), falsche Essgewohnheiten und Zeitverschwendung.

Darüber hinaus fördert diese Methode Variabilität im alltäglichen Leben, das intuitive, spontane Potenzial und die geistige Flexibilität. Man begreift allmählich, dass die Dinge des Lebens nicht so sein müssen, wie sie sind, nur weil sie de facto so sind. Die inneren Ketten, die man sich beim Versuch der Lebensbewältigung anlegte, werden gesprengt. Der innere Gewinn besteht in einem Zuwachs an innerer Handlungsfreiheit.

Der tiefere Sinn dieser Methode besteht darin, dass man lernt seine spirituelle Praxis beharrlich, diszipliniert und dennoch flexibel zu gestalten, als auch offen für die Welt und nicht egozentrisch auf die eigene Entwicklung bedacht zu sein.

Die Bedeutung dieser gelebten Spiritualität ist die Verwirklichung von Wu Wei, den Zustand des Geschehenlassens und des Nicht-Handelns bzw. des eigenen Handelns aus der geistigen Mitte heraus, die sich ihrer Verbundenheit mit der Welt bewusst ist.

Absichtslose Achtsamkeit
im Alltag

Freund,

es ist nicht sinnvoll ferne Länder aufzusuchen, wenn man die meiste Zeit des Jahres sich in seiner räumlichen Lebenswelt unaufmerksam und unachtsam bewegt. Wer nicht in der Lage ist seine unmittelbare Umgebung achtsam und immer mit neuem und frischem Blick wahrzunehmen, dem werden auch in fernen Ländern allzu viele Dinge entgehen. Die Urlaubszeit in anderen Ländern wird weniger der Erkenntniserweiterung dienen, sondern sich vielmehr als vergeudete Lebenszeit zeigen, da einem viele Dinge vermittels der im Alltag erworbenen Unachtsamkeit verborgen bleiben. Nur um sich zu erholen ist es keinesfalls von Nöten lange Strecken hinter sich zu bringen. Dies kann auch sehr wohl in der naheliegenden Umgebung passieren, wenn man es nur versteht vom eigenen Ich Ferien zu machen.

Die meisten Menschen, die reisewütig andere und entfernte Orte heimsuchen, nehmen ihre Alltagspersönlichkeit mit und wollen doch nur vor ihrer inneren Armut und der Tristesse des alltäglichen Daseins fliehen. Die ich-identifizierende Alltagspersönlichkeit verwendet nebst anderen Beschäftigungen oder auch Zerstreuungen die Reisewut als Fluchtmittel vor der eigenen Lebenswelt. Die eigene Lebenswelt sind die persönlichen Lebensumstände (Beziehungen, Arbeitsstätte, Wohnort, gesundheitliche und finanzielle Situation etc.), die Handlungen, die man vollführt und die mentale und emotionale Wahrnehmung dessen.

So betrachtet hat die Lebenswelt eines Menschen immer eine objektive und eine subjektive Seite. Zwei Menschen können sich sehr wohl in der gleichen momentanen Situation befinden (z.B. das Warten auf einen verspäteten Zug) und dennoch diese anders wahrnehmen und auch bewerten. Während der eine vor Wut kocht, nimmt der andere es gleichmütig auf und beobachtet entspannt sein Umfeld. Dabei fallen ihm die vielen kleinen Veränderungen und Vorgänge auf. Es wird für ihn zu einem interessanten Erlebnis.

Um diese Achtsamkeit für die nahe Umgebung zu entwickeln, ist es ratsam regelmäßig in der gleichen Gegend absichts- und ziellos zu spazieren oder zu radeln. Dabei lenkt man seine Aufmerksamkeit ohne feste Erwartungen von einer Gegebenheit (z.B. der nächste Baum oder das sichtbare Autokennzeichen etc.) zur nächsten. Bei den einzelnen Objekten der Betrachtung kann man mit seinem Blick so lange verharren wie es einem behagt. Sinn dieser regelmäßigen Praxis ist es, den Geist und den Blick zu weiten. Nach einer geraumen Zeit des Übens wird einem die

Erkenntnis, dass man nicht in die Ferne schweifen muss, wenn das Gute doch so nah ist, auch auf der tieferen, inneren Ebene verständlich. Des weiteren wird man immer bedacht sein, die Freude des Lebens nicht in die Zukunft zu projizieren sondern im Augenblick zu erleben.

Gefahren der Meditation

Freund,

die Meditation ist für die tägliche, regelmäßige spirituelle Praxis ein unvergleichbarer Schatz, der dem einen Bewahrer zum Vorteil gereichen und dem anderen zum verderblichen Nachteil werden kann. Um Reichtum jeglicher Art vernünftig verwenden zu können, bedarf es eines starken Geistes und einer gewissen charakterlichen Reife. Wie im Leben kann alles auf die richtige oder verkehrte Weise getan werden. Dies gilt vor allem auch für die Meditation. Sie kann gleichermaßen gefährlich und heilbringend sein.

In der richtigen Weise und mit der richtigen Zielorientierung kann sie einen zur inneren, geistigen Freiheit führen, in der die Identifizierung auf das kleine Ich abgestreift wird und die krampfhafte Anhaftung an die äußere Welt verschwindet.

In der verkehrten Weise und mit der verkehrten Zielorientierung kann sie schlimmstenfalls zur Vermessenheit führen, d.h. eine hypertrophe Ich-Identifizierung bewirken, welche mit Allmachtsfantasien einhergeht. Die Meditation wird listig von der Alltagspersönlichkeit missbraucht, um sich selbst aufzublähen und sich gleichzeitig den bei der Meditation beiläufig auftretenden Wirkungen (z.B. bestimmte Sensationen und Einstellung bestimmter Fähigkeiten) völlig hinzugeben. Für den Reisenden werden bestimmte Erfolge so wichtig, dass er dazu angehalten ist, stehen zu bleiben. Für ihn ist dieser Teilerfolg so wichtig, dass er das eigentliche Ziel (Satori) aus den Augen verliert. Vielleicht hatte er es auch nie im Blick gehabt.

Die Alltagspersönlichkeit ist sich ihrer Kleinheit und Minderwertigkeit insgeheim gewahr und strebt immer nach ausgleichender Größe. Je stärker der untergründige, unbewusste Zweifel an der vermeintlichen Einmaligkeit des Ichs nagt, desto stärker ist der Drang dieses Ichs sich erheben zu wollen. Dieser Drang kann sich vor allem bei seelisch instabilen Persönlichkeiten (narzisstisch kranke Personen) zur größenwahnsinnigen Vermessenheit ausweiten, wenn diese sich der Meditation hingeben und gewissen Gefühlen ausgesetzt sind und sich mit ihnen gleichsetzen. Die Meditation kann einen schwachen Geist dazu verleiten, sich den Gefühlen der persönlichen Macht und Überlegenheit restlos zu überantworten und sich auch im alltäglichen Leben von ihnen beherrschen zu lassen, was dann wiederum in einer Psychose kulminieren kann. In einem weniger dramatischen Fall stehen die in der Meditation auftretenden Überlegenheitsgefühle im Widerspruch zum subjektiven Gefühl des Meditierenden, dass er im Alltagsleben recht erfolglos ist.

Darüber hinaus gibt es andere Abgleitflächen für Meditierende, die für einen schwachen Geist und eine instabile Persönlichkeit gefährlich sind. Das optimistische Wohlbehagen, welches Meditierende ergreifen kann, kann zu einer realitätsfremden, überschwänglichen Begeisterung führen, die die Auflösung innerer Konflikte erschwert.

Wird die Meditation mit unwirklich hohen Erwartungen und persönlichen Ansprüchen begonnen, kann dies dazu führen, dass eine desillusionierende Abkehr von der Meditation erfolgt. Die weitere Folge kann die Ablehnung jedweder Beschäftigung mit der inneren Welt des Menschen sein.

Bei einigen Meditierenden kann das bei der Meditation auftretende Gefühl der Leichtigkeit und des Wohlbehagens die Überzeugung entstehen lassen, dass man zu träge geworden ist und seine Zeit vertändelt anstatt sich wichtigeren Aufgaben zu widmen, die auch einen selbst im Leben vorankommen lassen.

Darüber hinaus kann die Meditation tatsächlich bewirken, dass sich das Tempo verlangsamt, mit dem man die Dinge des Lebens bewältigt. Die Verlangsamung der Lebensgeschwindigkeit ist gegebenenfalls für das Leben, das der oder die Einzelne führt, unangebracht. Er oder sie wird mitunter im häuslichen oder beruflichen Leben leistungsschwächer.

Damit die Meditation reife Früchte tragen kann und keine faulen hervorbringt, sind bestimmte Bedingungen persönlicher Art von Nöten. Der Übende sollte ein gewisses Maß an Selbstdisziplin aufweisen und kein übertriebenes Bedürfnis nach Selbstkontrolle besitzen. Denn ein solches kann dazu führen, dass der meditierende Mensch durch das Gefühl, das Kommando über sich zu verlieren, sich unsicher und bedroht fühlt. Dies wiederum kann ihn veranlassen, die Meditation aufzugeben.

Damit die meditative Anwendung erfolgversprechend ist, ist es auch erforderlich, dass diese durch ein theoretisches Hintergrundwissen gestützt ist. Das richtige Wissen offenbart sich im richtigen Tun. Und das richtige Tun offenbart das richtige Wissen.

Aus den beschriebenen Gefahren, die sich aus der Meditation für Meditationsschüler ergeben können, ist es für spirituelle Lehrer, die Meditation lehren, eine besondere sittliche Pflicht, die Schüler für sich genau auszusuchen bzw. auf sie unterstützend einzuwirken.

Wird die Meditation über einen gewissen Zeitabschnitt praktiziert, kann der eigene Geist mit seinen verschiedenen Ebenen bewusster wahrgenommen und somit auch geformt werden. Der Bewusstseinsgrad des Geistes erhöht sich, was wiederum auch bedeutet, dass man seine eigenen inneren Abgründe erschaut, die vor allem im Unbewussten zu erblicken sind. Das Unbewusste ist der Teil unseres seelisch-geistigen Innenlebens, der dem bewussten Geist ohne weiteres nicht zugänglich ist.

Will der bewusste Geist Informationen aus dem unbewussten Bereich erlangen, bedarf es der Anwendung nützlicher Techniken (Hypnose, Traumdeutung und der Meditation). Durch die Meditation öffnet sich der Geist zuerst dem Vorbewussten, was zur Folge hat, dass eine Flut von Erinnerungen und Gedanken in unser Bewusstsein drängt. Das Vorbewusste oder die vorbewusste Geistesebene umschließt alle Informationen, die wir im Gehirn gespeichert und abgelagert haben und die des Menschen bewusste Aufmerksamkeit nicht beanspruchen, aber jedoch mehr oder weniger willentlich abrufbar sind. Viele Alltagshandlungen (z.B. Gehen) werden gewohnheitsmäßig und halbbewusst vollzogen, können aber jederzeit vollbewusst durchgeführt werden.

Vertieft sich die Meditation, öffnet sich dem Geist das Unbewusste. Das Tor wird aufgestoßen. Der Geist oder das Bewusste wird mit unangenehmen Wahrheiten konfrontiert, die die Alltagspersönlichkeit auf eine harte Probe stellen bzw. ihr eigenes Bild von sich selbst bedrohen. Eine umfassendere Wahrheit über die Persönlichkeit wird dann sichtbar. Der einzelne Mensch ist nicht nur nach seinem Bewusstsein, sondern vielmehr nach seinem Unbewussten zu beurteilen, welches der Hort seiner ihm verborgenen Wünsche und Bedürfnisse ist und ihn dennoch handeln lässt.

Der einzelne Mensch kann in diesem Sinne auch danach beurteilt werden, inwiefern es ihm gelingt einen bewussten Zugang zu seinem Unbewussten zu finden. Dies bedeutet, dass er sich seinen ihm verborgenen Urängsten ausgesetzt sieht. Es wäre jedoch eine zu reduzierte Sichtweise gegenüber dem Unbewussten, wenn dieses nur als ein finsterer Hort animalischer und instinktiver Triebkräfte angesehen wird.

Das Unbewusste ist nicht nur individueller Natur, sondern besitzt nach C. G. Jung kollektiven Charakter und arbeitet mit Archetypen (Ursymbole), die für die Menschen aller Zeiten universelle Bedeutungen haben. Diese Archetypen finden in Legenden, Sagen, Märchen, Kunstwerken aller Kulturen ihren Ausdruck und drücken emotionale und spirituelle Sehnsüchte der Menschen aus. Denn das kollektive Bewusstsein ist anscheinend auch als ein Ort menschlicher Bestrebungen eine Stätte der verborgenen, emotionalen und spirituellen Wünsche. Typische Archetypen des kollektiven Unbewussten sind unter anderem der Held, der weise Mensch, die Mutter, der Vater, der Drache, der Zwerg, der einsame Western-Held, James Bond etc., die durch ihren symbolischen Charakter für kollektiv-unbewusste Inhalte stehen.

Das gemeine Unbewusste ist auch das geistig-energetische Feld, in dem sich unser Geist ausdehnt und sich mit den vereinten, seelischen und spirituellen Kräften, der gemeinsamen Grundlage aller Menschen, verbindet. Daher ist es durchaus möglich, dass Meditierende außersinnliche Kräfte in sich spüren, die wiederum von der Fähigkeit herrühren, sich mittels des kollektiven Unbewussten mit anderen Menschen zu verbinden.

Über den Umgang mit seinen Mitmenschen

Freund,

im Bubishi, dem Buch des Baihequan heißt es unter anderem: „Sei eine Person mit würdigem Auftreten, geachtet deiner Freundlichkeit und voller Rücksicht auf die geringeren Fähigkeiten anderer. Wenn man Feindseligkeiten gelassen und unvoreingenommen begegnet, wird man sich einen Ruf erwerben, mit dem man ein friedliches und glückliches Leben führen kann."

Dennoch handeln wir meistens entsprechend dieser Einsicht nicht und bereiten uns selbst durch unseren Ärger über andere Mitmenschen, die nicht so handeln, wie wir begehren, ein unfröhliches Leben. Warum fühlen wir uns bei den Attacken anderer Menschen persönlich berührt? Warum beziehen wir die Handlungen unserer Erdenmitbewohner zu oft auf uns? Warum befinden wir uns dann nicht in der geistigen Mitte und sehen die Angelegenheiten neutral? Je stärker die Alltagspersönlichkeit uns beherrscht, d.h. je stärker der Mensch sich mit ihr gleichsetzt und als ihr wahres Wesen ansieht, desto größer ist seine Zuneigungsgeste. Die Wut entspringt aus der Interpretation der Wirklichkeit, die die dominierende Alltagspersönlichkeit vornimmt. Der Ärger ist eine Frage der Interpretation, der Sicht auf die Dinge des Lebens. Die Wut entspringt einer gewissen Sicht vom Leben.

Die Ursache des Grams über unsere Mitmenschen, über Umstände und über Vorkommnisse ist nicht in ihnen begründet, sondern liegt in der Bewertung dieser. Es sind nicht die Begebenheiten, die uns beunruhigen, sondern die Einstellung zu ihnen. Der Ärger im allgemeinen und im besonderen über die Mitmenschen ist so gesehen eine Legitimation der eigenen Interpretation. Dies führt dazu, dass man sich oft nicht genötigt sieht, seine Lebenserwartungen und seine Weltsicht hinsichtlich ihrer Lebenstauglichkeit zu überprüfen. Das ich-identifizierende Bewusstsein, was sich aus Abgrenzungen zur Welt speist, hat von der Welt und dem dazu gehörenden Menschen eine bestimmte Auffassung. Es geht davon aus, dass der gesamte Kosmos für ihn erschaffen wurde, um seine Erwartungen zu erfüllen. Der Kosmos hat unausgesprochen, aber halbbewusst gedacht, ihm zu dienen. In dieser Sicht sind das Leben und die Menschen nur dazu da, Erwartungen zu erfüllen. Diese egozentrische Geisteshaltung bedeutet, sich mit den Erwartungen gleichzusetzen, was in der Konsequenz ein Anhaften an der äußeren, materiellen Welt bedeutet. Der verhärteten Alltagspersönlichkeit fällt es im Traume nicht ein, dass der Mensch in die Welt geworfen wurde, um sich ihren übergeordneten Gesetzen zu fügen.

Bezüglich der Menschen verkennt eine solche Auffassung das grundlegende Gesetz, dass die einzelnen Menschen auf Grund des göttlichen, karmischen Lerngesetzes für sich zum jeweiligen Zeitpunkt zu unterschiedlichen Lernerfolgen, unterschiedlichen Charakteren und Bewusstseinsformen kommen. Die Menschen entwickeln sich wie die Schüler einer regulären Schulklasse heterogen. Auf Grund dessen ist es auch eine irrige Annahme, dass die andere Person oder Gruppe so handeln muss, wie man selbst an dessen Stelle handeln würde. Das eigene Denken wird in das menschliche Gegenüber hineinprojiziert. Wenn man denkt, dass die Menschen so denken müssten, wie man selbst denkt, denkt man selbst falsch.

Das Hineinprojizieren des eigenen Denkens in die andere Person bedeutet faktisch, dass man den anderen verkannt hat. So gesehen ist der Gram über den anderen ein Gram über sich selbst, sprich über das eigene Versehen, den anderen falsch beurteilt zu haben. Darüber hinaus lebt der über andere Personen grimmige Mensch in der Illusion, dass das, was er tun würde, das richtige wäre und dass deswegen auch alle anderen Menschen auf diese Weise handeln müssten. Der tägliche, kleinere Ärger zeigt, in welchem konstruierten Gedankengebäude die Menschen leben, welches sie für das hundertprozentige Abbild der Wahrheit halten. Der Mensch, der sich mit seinem Ego gleichsetzt, möchte unaufhörlich, dass das Leben so ist, wie er es möchte, und nicht wie es wirklich beschaffen ist.

Für die beherrschende Alltagspersönlichkeit ist es schwer auszuhalten, dass sie aufgrund geringerer Fähigkeiten, aufgrund ihrer zu starken, weltlichen Verwickelungen und aufgrund von Zeitknappheit nie in der Lage sein wird, die Komplexität ihres Seins und der Welt annähernd zu begreifen.

Von daher ist es immer einfacher, zu allen Dingen eine Meinung zu haben anstatt über sie Bescheid zu wissen. Eine Meinung zu haben verlangt keine geistige Anstrengung. Sich mit einer Sache mental ausführlich auseinander zu setzen, bereitet der Alltagspersönlichkeit oft zu viel Mühe und lenkt vielleicht von den Dingen (z.B. die Befriedigung der animalischen Ebene) ab, die einem doch wichtiger sind. Die ego-identifizierende Persönlichkeit verwechselt allzu oft Meinungen mit objektiven Tatsachen. Meinungen beruhen häufig auf unzulänglichen Schlussfolgerungen, die wiederum aus einer ungenügenden Kenntnis der Prämissen resultieren. Das Fatale dieses mentalen Mechanismus ist, dass solange die unzulängliche Schlussfolgerung für ein Fakt gehalten wird, man sich auch so verhält, als sei sie wahr. Es wird die eigene subjektive Wirklichkeit kreiert, die dem eigenen Innenleben entspringt und rückwirkend das eigene Innere formt und prägt.

Die subjektive Wirklichkeit des Menschen ist sein Wirken in der äußeren Welt und seine praktizierte Lebenswelt.

Ein äußerst gewichtiger Grund für den Zorn über seine Mitmenschen, der allzu oft in Erscheinung tritt, ist der Angriff auf das eigene Ich oder das Verkennen des eigenen Ichs durch sein Gegenüber. Das Wesen der Ich-Identifikation besteht darin, dass der Mensch von sich ein Bild erschafft und er es nicht verwinden kann, wenn dieses von anderen in Frage gestellt oder gar vernichtet wird. Das identitätsstiftende Ich fühlt sich in seiner Existenz bedroht und sieht sich von daher schnell angegriffen.

Die Alltagspersönlichkeit durchschaut nicht, dass sie ein künstliches und vergängliches Persönlichkeitsbild erschafft. Sie ist verblendet. Sie unterliegt der Verblendung. Sie ist die Verblendung, sofern sie sich für das wahre Wesen der Person hält.

Vom Zorn zur Liebe

Freund,

gemäß des Neurobiologen, Arzt und Psychotherapeuten Joachim Bauer ist die aggressive Gewalttätigkeit der Menschen kein angeborener, innewohnender Trieb der Menschen, sondern resultiert aus der Verletzung der menschlich-körperlichen und seelischen Schmerzgrenze, die bei den verschiedenen Menschen sehr individuell ausgeprägt ist. Bei dem einen liegt sie tiefer als bei dem anderen. Die Höhe der Schmerzgrenze variiert individuell. Es existieren die unterschiedlichsten Faktoren, die zur Verletzung der Schmerzgrenzen führen können. Die Aggression als solche ist ein neurobiologisches Verhaltensprogramm, welches im Laufe der Evolution entstand und deren Aufgabe darin besteht, die körperliche Intaktheit zu bewahren und Schmerz abzuwehren. Die Faktoren, welche die zerebralen Schmerzgrenzen aktivieren und aggressive Gewalt provozieren können, sind wie zuvor erwähnt mannigfaltig verschieden: Überforderung durch Stress, körperlicher Schmerz, Deprivation, soziale und wirtschaftliche Ausgrenzung, Traumatisierungen etc.!

Die heutige Neurobiologie widerspricht dem Verständnis eines vorrangig blutlüsternen, durch einen Aggressionstrieb gesteuerten Menschen. Die Ergebnisse neurowissenschaftlicher Studien in den letzten zwanzig Jahren zeigen, dass der Mensch seinen Grundmotivationen nach, ein auf Zusammenarbeit, soziale Achtung und Fairness ausgerichtetes Lebewesen ist. Auch als der Mensch begann die Jagd systematisch zu betreiben, blieb er jedoch für einen langen Zeitraum ein überwiegend friedlicher, egalitär eingestellter und kooperativer Akteur. Die Grundmotivationen des Menschen kennzeichnen seine Schmerzgrenzen, bei deren Übertreten mit Gewalt zu rechnen ist.

Aggression wird zu häufig mit Gewalt assoziiert. Das Wort Aggression leitet sich her vom lateinischen „aggredi" (an etwas herangehen) und ist vielmehr als eine Art des resoluten, entschlossenen Handelns zu verstehen. Jede physische oder verbale Handlung, die darauf abzielt eine andere Person zu konfrontieren, anzugreifen, zu schädigen, zu verletzen oder zu töten, ausschließlich als Aggression zu definieren ist ein verkürztes Verständnis der Aggression. Man kann auch aggressiv, d.h. energiereich und entschlossen seinen Part auf der Theaterbühne spielen oder sein E-Gitarrensolo hinlegen ohne voller Zorn zu sein und ohne die Neigung andere schädigen zu wollen. Das gleiche gilt für den fairen und sportlichen Wettkampf.

Dass der Mensch bei der Verletzung seiner Schmerzgrenzen mit Gewalt reagiert und seine Entschlossenheit für sein Handeln aus der Wut, dem Hass schöpft, ist ein wesentliches Merkmal der ich-identifizierenden Alltagspersönlichkeit. Das über den Menschen dominierende Ego lebt von der geistig-seelischen Abgrenzung zur Welt, fürchtet den Verlust seiner selbst und fühlt sich von daher potenziell angegriffen bzw. in seinen verhaftenden, weltlichen Taten blockiert.

Solange der Mensch nicht erleuchtet ist, wird er immer eine Neigung zur Reizbarkeit und damit eine Anfälligkeit für zornige, hasserfüllte Gewaltausbrüche haben. Wer wahrhaftig gelernt hat sich an nichts mehr zu klammern (einschließlich des eigenen Lebens), wird die unvermeidlichen Verluste des Lebens und den Unbill der Welt gleichmütig akzeptieren.

Es ist das vorherrschende Ich, welches die Welt, die Menschen und die Dinge in mein und dein einteilt (meine Familie, mein Haus, meine Arbeit, mein Auto, deine Familie, dein Haus, deine Arbeit, dein Auto etc.) und auf Grund dessen die Liebe zu den Menschen portioniert. Die herrschende Alltagspersönlichkeit kann nur eingeschränkt und bedingt lieben, was zur Folge hat, dass das Mitgefühl nicht allumfassend, sondern nur partiell besteht. Es ist die geistig-seelische Trennung in uns, die wir kultivieren und die uns nicht allumfassend lieben lässt. Gefühle des Hasses und des Zorns sind Gefühle der Trennung. Sie trennen uns emotional und mental von unseren Mitmenschen und allen anderen Lebewesen in diesem Kosmos. Erst die allumfassende Liebe befähigt uns, unsere grambedingten Gewaltneigungen aufzulösen bzw. ihrer Herr zu werden und, sofern die Notwendigkeit einer Situation es erfordert, mit angemessenen Methoden und aus der inneren, geistigen Mitte zur Wehr zu setzen.

Das universale und bedingungslose Lieben bedeutet ein Wohlwollen und Mitgefühl für das eigene als auch für das gesamte, fremde Leben. Sie enthält ein tiefes Verständnis für die Nöte und Anliegen der Menschen, ohne dabei gleichzeitig alle Handlungen dieser als berechtigt anzusehen. Wahre Liebe ist kein gefühlsseliges Empfinden, sondern eine starke Achtung vor dem Leben und seinem Prinzip. Egoistische Liebe dagegen verknüpft sein Wohlwollen gegenüber anderen Lebewesen immer an bestimmte Bedingungen. Die universale Liebe ist das bedingungslose Mitgefühl mit allem, was den Menschen umgibt.

Diese Liebe kann kultiviert werden, indem man seine Ich-Identifizierung überwindet. Aber auch schon unterhalb der Erleuchtungsebene kann diese Liebe vorgeübt werden, was wiederum dem Durchdringungsprozess förderlich ist. Die Erlangung der universalen Liebe ist sowohl Bedingung für die Erleuchtung als auch ihr Resultat. Die bedingungslose Liebe kann nicht direkt geschult werden, aber es können sehr wohl Vorübungen getan werden, die uns einer bestimmten Geisteshaltung näher bringen. Man kann nämlich allen Menschen, die man weniger mag oder denen man zürnt, gedanklich-meditativ Gutes wünschen. Dies kann auch mit Worten geschehen. Die Praxis ist auch als eine Anti-Wut-Methode zu verstehen, die uns unseren inneren Frieden finden lässt.

Sinn menschlicher Existenz

Freund,

die meisten Menschen, die ihrer Ich-Identifizierung verhaftet sind, folgen meistens unbewusst oder halbbewusst einer hedonistischen Sicht des Lebens, zumal die Verlockungen der kapitalistischen Unterhaltungs- und Konsumindustrie sie in ihrer Sicht oder auch in ihrem Lebensgefühl bestärkt. Dabei wird in besonderem Maße die animalische Ebene angesprochen. Die werbiale Vermarktung der ökologisch produzierenden Lebensmittelbranche bildet dabei keine Ausnahme (Aber das spricht nicht dagegen weitgehend ökologisch zu kaufen und zu verbrauchen.).

Der Hedonismus, abgeleitet vom griechischen Wort hedone (Freude, Lustgefühl, Genuss), gilt als eine psychologische Theorie, die davon ausgeht, dass menschliche Bestrebungen durch das Begehren nach Lust und der Vermeidung von Pein bestimmt werden. Als philosophische Auffassung ist er eine Glücksethik, welche das menschliche Vergnügen oder den Genuss als das einzig selbst Gute erachtet und den Schmerz als das einzig selbst Schlechte ansieht. Nicht wenige Menschen haben oft bar jeglicher lebensphilosophischer

Überlegungen unbewusst oder halbbewusst eine solche Haltung gegenüber dem Leben und leben dementsprechend so. Die Profanisierung einer verweltlichten Gesellschaft leistet einer solchen Geisteshaltung allzu oft Vorschub.

Das Jagen der Menschen nach Genuss und Lust und das Vermeiden des Schmerzes wird beim Menschen durch das Wirken der in ihm noch vorhandenen animalischen Ebene erzeugt. Die Befriedigung der animalischen Ebene lässt sowohl den Menschen als auch das Tier emotionales Wohlbefinden empfinden. Diese positiven Empfindungen sind für beide Lebewesen starke Handlungsmotivatoren. Der Mensch bedient sich oft in raffiniertester Weise seines Intellekts um dieser animalischen Ebene gerecht zu werden. Dennoch ist der Mensch selbst in seiner oft halbbewussten und gegenüber sich selbst unreflektierten Art und Weise nicht auf diese Ebene zu reduzieren. Der Mensch ist oft dieser Seite so verfallen, weil er mit seiner Alltagspersönlichkeit und mit seinem Intellekt einem Grundgefühl der Isolation und Trennung konfrontiert ist, das ihn einer latenten Unruhe und Grundspannung aussetzt. Diesem Grundempfinden, als verlorener Sohn oder als verlorene Tochter in eine ihm scheinbar nicht antwortende Welt geworfen zu sein, ist es geschuldet, dass er einerseits sich durch das Streben nach Lust befriedigt oder/und andererseits nach Erkenntnis und Antworten sucht. Die Befriedigung der tierischen Natur durch Genusserfüllung kann zeitweise eine innere Ruhe bewirken und dieses Grundgefühl des Abgetrenntseins dämpfen. Da aber die Wirkung der Genüsse nur vorübergehend ist, versucht der Mensch die Wirkung durch Genusswiederholung neu zu erfahren.

Ehrenhalber muss erwähnt werden, dass der Hedonismus als philosophische Glücksethik sehr wohl zwischen körperlichen und geistigen Genüssen unterscheidet und die letztgenannten nach John Stuart Mill höher bewertet. Viele Menschen, die ihrer Alltagspersönlichkeit verhaftet sind, interpretieren den Hedonismus oder leben diese Lebenssichtweise (meistens sich selbst gegenüber unbewusst) als Befriedigung der Sinneslust. Der Hedonismus vermittelt ein Menschenbild, welches dem Wesen des Lebens nicht gerecht wird. Das Leben als Prozess des Werdens und Vergehens bedeutet seiner Natur nach auch Leiden und Pein. Allein einen Körper zu besitzen bedeutet, dass aufgrund der diktierenden Naturgesetze der äußeren Welt dieser notgedrungen Krankheit und Schmerzen ausgesetzt ist.

Dies gelassen zu akzeptieren ohne zu hadern, ist ein wichtiger Schritt auf dem Pfad der Erleuchtung. Die Freiheit des Menschen bezüglich der vielen Dinge des Lebens (z.B. Krankheiten) besteht laut Hegel nur in der Einsicht in die Notwendigkeit. Manchmal besteht auch die Freiheit des Menschen sogar in der Aufhebung der Notwendigkeit. Dann aber erweist sich die Notwendigkeit als Möglichkeit der Veränderung und der Weiterentwicklung. Der Sinn des Lebens kann nicht in der Genussbefriedigung und Schmerzvermeidung liegen, da das Leben diesen Bestrebungen all zu häufig einen Strich durch die Rechnung macht. Die Rechnung geht nicht auf. Dies zeigt sich darin, dass menschliches Wirken durch die Diskrepanz seiner Intentionen und seiner erzielten Handlungsergebnisse gekennzeichnet ist. Die Komik der Schauspieler Stan Laurel und Oliver Hardy veranschaulicht dies uns sehr bildhaft.

Im spirituellen Verständnis besteht der Sinn menschlichen Daseins in der Erlangung zunehmender Erkenntnis und Selbsterkenntnis. Weil dies mit Empfindungen der Freude einher gehen kann, aber nicht immer damit verbunden sein muss, ist die Freude das Mittel zum Zweck und nicht wie im Hedonismus der Selbstzweck. Nicht um zu genießen sind wir auf diesem Planeten, sondern um zu erkennen wer wir sind, woher wir kommen und wohin wir gehen. Doch dies schließt keineswegs die Freude am Genuss aus, sondern nur die anhaftende Fixierung an diesen.

Der andere Weg den der Mensch beschreiten kann, ist der Weg der zunehmenden Erkenntnis und Selbsterkenntnis, der zur Erleuchtung und inneren Freiheit führen kann.

Dafür muss, wie Du es in deinem Werk „Kreisgedanken" beschriebst, der Intellekt sich nicht nach der animalischen Ebene orientieren, sondern sich in Richtung des Selbstes ausrichten. Nach der taoistischen Lehre soll die Seele oder das Bewusstsein nicht dem Körper, sondern dem göttlichen Geist in uns dienen.

Auch der materielle Corpus ist, während wir in der Welt der Formen inkarnieren, ein Instrument, das es gilt zu nutzen, nicht um den animalischen Begierden sklavisch zu frönen, sondern um dem Bewusstsein und dem göttlichen Geist (der Buddhanatur oder dem wahren Selbst) zu dienen. Durch die Disziplinierung des Körpers können geistig-bewusstseinsmäßige Entwürfe in Fertigkeiten, Fähigkeiten, Charaktereigenschaften übertragen werden, die uns befähigen ethisch der allumfassenden Liebe verpflichtet zu handeln. Die Arbeit am Körper mit ihm sollte von den spirituellen Adepten auch als ein Weg der Bewusstseinserweiterung verstanden werden. Körperarbeit und Vergeistigung sind kein Widerspruch. Nur in unserem descartischen Verständnis von Geist oder Bewusstsein und Körper stellen wir beide dualistisch gegenüber. Der Intellekt kann, wie Du es in deinem Werk „Kreisgedanken" beschriebst, die animalische Ebene in die Alltagspersönlichkeit integrieren, wenn er dauerhaft die Perspektive des höheren Selbstes einnimmt. Stephen T. Chang zeigt den gleichen Inhalt auf, verwendet aber eine andere Begrifflichkeit.

Er geht von der Persönlichkeitspyramide aus, die aus den Bestandteilen Geist, Seele-Bewusstsein und Körper besteht. Der Geist verfügt über die Komponenten Gewissen, Intuition und Verständigung mit der geistigen Welt. Die Intuition ist das direkte, nicht durch Raum und Zeit begrenzte Wissen oder auch Gefühl, welches uns befähigt Gott zu erfahren. Gott ist Geist und alle Menschen haben ihn in sich. Um Gott zu erblicken braucht der Mensch nicht nach außen zu schauen, sondern seinen Blick in sein Innerstes zu richten. Die Seele oder das Bewusstsein enthält Gedanken, Gefühle und Entscheidungsfähigkeit. Der sterbliche Leib hat einen Anfang und ein Ende und ist von daher durch Raum und Zeit begrenzt. Er ist unmittelbar mit dem Nahrungstrieb, Selbsterhaltungstrieb, dem Geschlechtstrieb und dem Spieltrieb verknüpft. In einer nicht spirituellen Rangfolge der Einflüsse steht der Körper an der Spitze der Pyramide und lässt das Bewusstsein an zweiter Stelle unterordnen. Diese Position lässt die Stimme des Geistes verstummen. Der Körper wurde zum Herrn und ließ das Wollen, Fühlen und Denken der Seele auf die Bedürfnisse des Leibes ausrichten.

Dies ist eine etwas zu starke mechanische Darstellung, da der Mensch nicht immer nur den Bedürfnissen des Körpers folgt, sondern auch unabhängig von ihm geistigen und seelischen Interessen folgt, die sehr wohl ihren kreativen und künstlerischen Ausdruck finden. Dennoch übt der körperlich-animalische Bereich auf die unreflektierte, ich-identifizierende Alltagspersönlichkeit einen erheblichen Einfluss aus.

Der selbstsichere Mensch

Freund,
im allgemeinen, volkstümlichen Verständnis wird nach Dr. med. M.O. Brukers Betrachtung Selbstsicherheit und Egoismus inhaltlich verwechselt bzw. gleichgesetzt.

Ein selbstsicherer und selbstvertrauender Mensch ist im Gegensatz zum Egoisten ein Mensch, der seine innere Sicherheit aus der Identifizierung mit dem Selbst schöpft und von daher durch seine Furcht nicht beherrscht wird. Ein selbstsicherer Mensch ist sich seines Selbstes sicher und gewiss, welches viel mehr als sein kleines Ich verkörpert und ein Teil des ganzen Seins in der materiellen Welt ist.

Selbstsicherheit, die auch durch einen Habitus zum Ausdruck kommt, wird von den meisten Menschen als vermessene Überheblichkeit ausgelegt und interpretiert.

Zum einen wird dieser Vorwurf oft von Menschen erhoben und auf Mitmenschen projiziert, denen es an ernsthaftem Selbstvertrauen mangelt und die es sich selbst nicht eingestehen wollen. Um dieses Defizit bei sich leugnen zu können, unterstellen sie selbstbewussten Menschen, dass sie nur arrogant sind. Das, was man bei sich nicht findet, aber bei anderen erblickt, muss zerstoben werden, damit man sich selbst aus seiner inneren Kleinheit erheben kann. Getreu dieser seelischen Logik der Minderwertigkeitskompensation sind viele Menschen vorschnell und oberflächlich mit ihrer Kritik. La critique est facile. Der Neid bringt den Buben dazu, die Strandburg seines Spielkameraden zu zerstören.

Zum anderen wird Selbstsicherheit fälschlicherweise mit Arroganz gleichgesetzt, obwohl ein gravierender Unterschied besteht. Arroganz besteht in einem Gefühl der subjektiven Überheblichkeit, welches andere Menschen als gering erachtet und dementsprechend der Überzeugung gehorcht, dass es von anderen Menschen nichts entscheidendes zu lernen gibt. Der anmaßende Hochmut macht geistig unflexibel. Die hochmütigen Menschen sind dermaßen verblendet, dass sie nicht begreifen, um was sie sich selbst betrügen. Sie vergeben die Chancen sich selbst weiterzuentwickeln, indem sie nicht bereit sind von anderen Menschen zu lernen. Darüber hinaus ist der hochmütige Mensch im Gegensatz zum selbstsicheren, eine Person, die sich selbst noch nicht liebend anerkennt und bejaht und aufgrund dessen in Gefühlen der Minderwertigkeit verstrickt ist und sich darüber genötigt fühlt, diese durch Verhaltensweisen auszugleichen. Sie ruht in sich nicht. Sie ist eine innerlich getriebene Kreatur.

Was für den hochmütigen Menschen im besonderen gilt, gilt für den egoistischen im allgemeinen. Auch er ist ein Wesen, welches sich noch nicht selbst anerkennt und in der Erlangung materieller und persönlicher Vorteile den Garant seines persönlichen Wohlbehagens sieht. Er ist von der Furcht beherrscht, im Leben zu kurz zu kommen.

Ihm ist die Geisteshaltung eigen, welche das Glück in den äußeren Dingen des Lebens (Erfolg, Geld, Konsum, Güter, Macht, Einfluss etc.) sucht und von der ständigen Befriedigung persönlicher Bedürfnisse abhängig macht. Er ist mit seiner anhaftenden Art an den äußeren Dingen des Lebens weit von der Erkenntnis entfernt, dass man als Wesen weder wächst, indem etwas erlangt, noch dass man als Wesen schwindet, wenn man etwas verliert. Erst durch die Erleuchtung wird dies dem Menschen wahrlich verständlich. Davor bleibt dies eine abstrakte Erkenntnis, wofür es aber sich lohnt zu streben und zu leben.

Der egoistische und der anmaßende Mensch ist gleichermaßen eine Person, welche sich selbst als winzigen, demütigen Teil der Welt nicht bejaht und stattdessen an seinem, von der Welt abgrenzenden, kleinen Ich haftet, welches wiederum sich schnell bedroht und angegriffen fühlt.

Der selbstsichere Mensch, der sich selbst als auch Gott oder dem Dao vertraut, bejaht sich auch als Wesen mit seiner unvollkommenen Alltagspersönlichkeit, ohne jedoch sich mit ihr gleichzusetzen. Er liebt sich als ein mit dem kosmologischen Prozess verbundenes Wesen und ist in der Lage sein momentanes, alltagspersönliches Stadium zu akzeptieren. Darüber hinaus ist er auch fähig, andere Menschen in ihrem So-sein zu bejahen, ohne sich innerlich von seinen Mitmenschen bedroht und unterlegen zu fühlen.

Der egoistische Mensch ist auf sich und seine Interessen mental fixiert. Der selbstliebende Mensch ist mental nicht nur auf sich ausgerichtet, sondern ist von einer höheren Betrachtungswarte befähigt, seine persönlichen Interessen im Verhältnis anderer zu sehen und auch seine Belange gegenüber anderen Interessen abzuwägen. Er ist um die Balance zwischen seinen Interessen und denen anderer bemüht, weil er eben nicht auf seine Identifikation mit seiner Alltagspersönlichkeit festgelegt ist.

Menschen, die den Weg der Selbstentdeckung beschreiten, sind weniger beeinflussbar und grenzen sich klarer von den Ansprüchen anderer ab, wenn sie dies für erforderlich erachten, um sich nicht selbst zu entfremden und ihrer eigenen Individualität gerecht zu werden. Gleichzeitig verfügen sie im Geiste der Selbstliebe und Nächstenliebe über eine höhere Opferbereitschaft, wenn es um den Dienst am Nächsten geht. Der Weg der Selbstentdeckung ist kein Weg in die konformistische Angepasstheit, sondern einer in die Individualität, welche sich von ihren intuitiven Bildern leiten lässt. Dadurch, dass sie ihre authentische Kraft, Lebensfreude, Kreativität und Selbstsicherheit erwecken, üben sie auf ihr soziales Umfeld einen positiven Einfluss aus und können für andere Menschen ein inspirierendes Vorbild sein. Aus seinem Selbst heraus zu leben, bedeutet in Liebe zu leben. Die Liebe zu sich und zur Welt ist die glücklichmachende Mitte des Selbstes.

Zwei Formen des Glaubens

Freund,
der Atheismus ist eine Lehre, die zum einen bestreitet, dass ein Gott existiert und zum anderen den Glauben an Gott als sinnlos und widersprüchlich erachtet, da der Gottesbegriff über keine klare Bedeutung verfügt. In seiner schwächeren Bedeutung lehnt der Atheismus im Gegensatz zum Theismus den Glauben an einen persönlichen Gott ab. In seiner schwächsten Form tritt der Atheismus als Agnostizismus auf, der verkündet, dass der Mensch nicht wissen kann, ob es eine göttliche Existenz geben kann.

Der Atheismus führt oft das Argument ins Felde, dass der Glaube das Wissen nicht ersetzen kann. Laut Voltaire ist Glauben kein Wissen. Korrekterweise müsste es heißen, dass der Glaube kein bewiesenes Wissen ist. Wie oft weiß der Mensch in seinem Leben um die verschiedensten Dinge, ohne sie eindeutig belegen zu können. Was die Atheisten bei sich selbst übersehen, ist, dass sie letztendlich auch nur glauben. Sie glauben an etwas nicht, ohne es genau zu wissen oder beweisen zu können. Auch der Nicht-Glaube ist ein Glaube mit negativen Vorzeichen. Wären die Atheisten und Agnostiker getreu ihrer Logik konsequent, würden sie a) den Glaubenscharakter ihrer Anschauung erkennen und b) auf Grund dessen die theoretische Möglichkeit einer göttlichen Existenz nicht ausschließen. Der spirituelle Freigeist ist sich sehr wohl beider theoretischen Möglichkeiten bewusst und erkennt gleichzeitig, dass die Lösung nicht auf der geistig-theoretischen Ebene zu finden ist.

Der Atheist und Agnostiker begreift mental nicht, dass der wahre Glaube erst dort beginnt, wo das Ich aufhört zu verstehen. Dies ist den im Ichkreis gefangenen Zweifelnden nicht zugänglich, weil die hybrishafte Ich-Identifizierung des Menschen sich anschickt alles verstehen und beherrschen zu wollen und in seinem Größenwahn sich anmaßt, selbst Gott spielen zu wollen. Die Annahme einer ihm übergeordneten, bewussten Kraft erscheint dem zweifelnden Ich als Beleidigung.

Das Pendant zum zweifelnden Ich-Gefangenen ist der einseitig-religiöse Mensch, der auf seine Religion fixiert ist und diese als abgrenzendes Ich-Identifizierungsinstrument verwendet. Er gebraucht seine Religion, um sich in seinem persönlichen Wahrheitsanspruch über diejenigen zu erheben, welche seinen Weg nicht teilen. Er maßt sich an, die absolute Wahrheit in der genauen Art und Weise zu kennen, wie es seine Religion vorgibt. Er verwechselt Religion mit Erkenntnis, anstatt die Religion als unzulängliches, aber dennoch als ein unverzichtbares Mittel der

Erkenntnis zu betrachten. Es gilt vielmehr die Religion zu transzendieren, um Selbst- und Gotterkenntnis zu erlangen. Spiritualität kann in den verschiedenen Religionen enthalten sein und aus ihr hervorgehen. Aber sie ist nicht mit ihnen gleichzusetzen. Gelebte Spiritualität geht mit einem Lebensgefühl einher, welches sich mit dem Urgrund des Seins identifiziert und diesem vertraut.

Die Religion hat einen dialektischen, vielschichtigen Charakter. Einerseits drückt sie den notwendigen Reflex des Glaubens an eine übergeordnete Wahrheit aus, andererseits drückt sie aber auch das allzu menschliche Verlangen nach Trost und Erlösung von der irdischen Pein aus. Darüber hinaus wurde und wird auch die organisierte Religion dazu verwendet, um Menschen ideologisch beherrschen und manipulieren zu können. Die organisierte Religion ist immer der Gefahr ausgesetzt, in den Händen ihrer Vertreter zu einem geistigen Werkzeug zu werden, mit deren Hilfe es möglich ist die Anhänger zu lenken und zu kontrollieren.

Dieser Umstand ist der Sache geschuldet, dass die meisten Exponenten der jeweiligen Religion zu sehr von ihrer Alltagspersönlichkeit beherrscht werden und ihren Leidenschaften ausgesetzt sind. Sie behaupten gegenüber ihren Anhängern im Besitz der Wahrheit zu sein und dass diese verloren wären, sobald sie ihnen ihren Gehorsam verweigerten. Diesen Vertretern der organisierten Religion geht es oft um gesellschaftliche

Anerkennung. Es schmeichelt ihrer ich-identifizierenden Alltagspersönlichkeit, durch ihre Getreuen Bewunderung zu erfahren. In nicht seltenen Fällen geht es diesen religiösen Autoritäten auch um materiellen Reichtum, der, wenn überhaupt, nur im geringen Maße für wohltätige Zwecke verwendet wird. Meistens wird dieser dazu benutzt, um sich einen gewissen Lebensstandard zu leisten, um politischen Einfluss auszuüben oder um sich protzige Prestigebauten bauen zu lassen. Je mehr diese religiösen Führer, die zu sehr durch ihre Alltagspersönlichkeit beherrscht sind, in ihren Einrichtungen den Ton angeben, desto verweltlichter sind ihre Organisationen.

Der rational und allzu häufig linear denkende Verstand ist überfordert, die absolute Wahrheit vollends zu verstehen. Die äußere, sichtbare und materielle Welt ist die Erscheinung des Seins, aber nicht ihr Wesen. Das Sein, welches allen Dingen zugrunde liegt bzw. die Dinge ermöglicht, ist unsichtbar und verborgen. Um das Wesen der Welt zu erfassen, müssen die herkömmlichen Pfade des Verstandes verlassen werden, da dieser nur vermag Sachen und Kontexte wahrzunehmen und zu erkennen, welche seinem eigenen Denkgefüge und innerem Aufbau entsprechen. Da das Wesen der Welt außerhalb der Verstandesstrukturen liegt, kann der menschliche Verstand mit seiner linearen Ausrichtung dieses nicht erfassen.

Wenn der Mensch versucht das Weltwesen logisch und rational wahrzunehmen, gebraucht er seinen Verstand. Solange er aber versucht den Verstand zu verwenden, kann er das Wesen der Welt nicht erkennen. Er kann nicht gleichermaßen den Verstand gebrauchen und das Wesen allen Seins sehen. Die Strukturen des Verstandes können nicht einfach außer Funktion gesetzt werden, weil dafür wieder der Verstand verwendet werden muss. Er kann sich selbst nicht ausschalten, da er notwendigerweise durch seine eigenen Strukturen am Leben gehalten wird. Die Lösung dieser Aufgabe liegt außerhalb der rationalen Verstandesstrukturen. Lediglich, was außerhalb der Verstandesstrukturen existiert, kann diesen abstellen und das fortwährende Gedankenkarussell stoppen. Das Denken kann nicht das Denken beenden.

In dem Moment, wo man denkt, mit dem Denken aufhören zu wollen, erhält man das Denken am Leben. Das Ich, als ein illusionäres Konstrukt, wird vom Denken generiert. Gleichzeitig bemüht sich dieses Ich, oder besser ausgedrückt die Ich-Identifizierung, Herr der Denkvorgänge zu werden, von denen es unablässig erschaffen wird. Theo Fischer beschrieb den unter seiner Alltagspersönlichkeit leidenden Menschen, der nach Befreiung strebt, als jemanden, der versucht eine Wand einzurennen, die er aber selbst ist. Es gilt für sich einen Weg zu finden, der einem hilft vom ständigen Rationalisieren und unproduktiven Gedankenlauf zusehends Abstand zu gewinnen und sich verstärkt der Intuition und der unmittelbaren Wahrnehmung zu öffnen. Die bewusstseinsmäßige Rückkehr zum Grund erfolgt dann, wenn der Mensch sich nicht mehr als ein vom Weltgeschehen isoliertes, abgetrenntes Wesen erlebt und das rationale Denken, welches mit dem Verstehen der Komplexität der Einheit überfordert ist, schweigt. An dessen Stelle tritt die Intuition, welche eine Form der implizierten Gewissheit verkörpert. Es ist eine Gewissheit, welche sich den Impulsen aus dem Urgrund der Dinge öffnet. In diesem Zustand des leeren und absichtslosen Geistes vermag der Mensch zu erkennen, dass das Eine, das Absolute, Gott, das Dao oder das Nichts, nicht beschrieben werden kann, weil es oder er von nichts zu unterscheiden ist. Dies überfordert die menschliche Logik und kann daher nur von der Intuition erfasst werden. Der Gegenstand der Erkenntnis geht nicht im Begriff auf. Die Tendenz zur Reduktion Gottes oder des Absoluten auf seine Begrifflichkeit ist dem linear denkenden Verstand eigen. Dies gilt auch gleichermaßen für den nicht gläubigen und volksfrömmigen Geist, der das Wort mit dem Erkenntnisobjekt verwechselt.

Der Intuition, die für die Gotteserkenntnis unabdingbar ist, wird dann eine Tür geöffnet, wenn der menschliche Geist zum stillen, unbeteiligten Beobachter wird, der sich mit dem Lauf der Dinge identisch fühlt und die Geschehnisse nicht anhaftend wie ein Spiegel reflektiert. Dieser spiegelnde Geist bildet dann die Schnittstelle zwischen der Materie des Gehirns und dem ewigen Geist. Chuang Tse verglich den Geist eines vollkommenen Menschen mit einem Spiegel, der nichts festhält, sondern nur reflektiert. Aufgrund dieser Gabe kann er dann auch ohne Anstrengung handeln.

Um diesen von Chuang Tse beschriebenen Geist zu erlangen, bedarf es der langen, nicht ergebnisorientierten Übung, um den Kobold Woller in die Verbannung zu schicken. Denn nach Theo Fischers Worten ist es der Kobold Woller, der unseren Geist nicht zur Ruhe kommen läßt und uns das Unfassbare verhüllt.

Das Dao, die Einheit oder die göttliche Kraft unterscheidet sich vom Tier als auch vom Menschen insofern es sich als unendliche Freiheit über alle Begrenzungen der Zeit und des Raumes erhält. Es ist absolut, da es aus sich selbst heraus existiert. Weil es wiederum aus sich selbst heraus besteht, ist sein Charakter ein ewiger, der jenseits von Raum und Zeit existiert. Als ewiges Wesen, welches sich seiner selbst im ganzen Umfang allzeit bewusst und teilhaftig ist, ist die gesamte Zeit nur Gegenwart. Das Vergangene geht ihm nicht verlustig und das Zukünftige verschließt sich ihm nicht. In diesem Bewusstsein wird gewissermaßen Vergangenes, Gegenwärtiges und Zukünftiges in einem Moment zusammengefasst.

Das menschliche Dasein ist dagegen relativ und bedingungsabhängig. Da der Mensch den Begrenzungen von Raum und Zeit unterworfen ist, ist auch seine Freiheit endlich. Seine Freiheit besteht darin, sich zu den Notwendigkeiten seines Daseins zu bekennen und gleichzeitig die verschiedenen Möglichkeiten, die sich für ihn aus seiner Situation ergeben, zu nutzen. Durch sein freies Verhältnis zu den Möglichkeiten seiner Existenz obliegt es ihm, sich zu entscheiden, was er mit dieser anfängt bzw. was er aus dieser macht. Der Mensch mit seiner bedingungsabhängigen und relativen Existenz lebt aufgrund seiner begrenzten Wahrnehmung und seiner Alltagserfahrung in der Illusion der nach vorne, linear ablaufenden Zeit, die sich für ihn als Vergangenheit, Gegenwart und Zukunft darstellt. Was der Mensch als Itztzeit oder Jetztzeit wahrnimmt ist nur eine „Scheingegenwart", welche nur einen geringen Abschnitt der Raumzeit umfasst. Der Mensch, der in diese Welt geworfen wurde, entwickelt ein Bewusstsein seiner selbst, oder besser formuliert ein Ichbewusstsein, welches sich als handelndes Subjekt begreift, das wiederum nicht hilflos den Gewalten des Lebens ausgeliefert ist. Der Mensch sieht sich mit diesem Bewusstsein ausgestattet als eine in der Welt gestaltende Kraft, die von sich behauptet „Ich bin ich". Das Wesen der Ich-Identifikation besteht darin, dass der Mensch als bewusst denkende Spezies, die in der Lage ist seine Existenz in der Welt zu reflektieren, sein ganzes Wesen-sein auf dieses „Ich bin ich" reduziert und dabei übersieht, dass dieses Ich ein künstliches und vergängliches Gebilde verkörpert. Die kultivierte Haltung des „Ich bin ich" ist für den Menschen identitäts- und sinnstiftend und zeichnet sich durch drei Merkmale aus: Zum einen steht das Ich-sein trotz allem Wandel fest.

Zum anderen besteht das Ich-sein im Unterschied zu beinahe allen anderen Lebewesen. Darüber hinaus setzt sich sein Ich-sein gegen die äußere Welt ab.

Das egoidentifizierende Bewusstsein ist ein dualistisches, welches die Wirklichkeit zwischen Individuum und Welt aufspaltet und dabei übersieht, dass die Dinge des Kosmos verschieden und doch eins sind. Der Mensch lebt mit seiner Alltagspersönlichkeit im Antagonismus zwischen Welt und Ich. Aus dieser Sichtweise der Trennung erwächst die Neigung zu kämpfen. Indem der Mensch von seiner dualistischen Weltvorstellung eingenommen wird, die die Welt und das Individuum als zwei von einander getrennte Prinzipien oder Kräfte ansieht, verfällt er der Idee, dass es als Spezies selbstverständlich sei zu kämpfen und dass diese Welt eine Welt des Gefechtes sei.

Es fällt ihm schwer zu verinnerlichen, dass obwohl alles auf einer gewissen Ebene verschieden ist, dennoch miteinander eins ist. Letztlich ist auf einer anderen, tieferen oder dem menschlichen Auge unzugänglichen Ebene doch wieder alles gleich. Es ist nur der dualistisch denkende Geist, der die Menschen voneinander dividiert.

Der Glaube an die absolute Wahrheit muss keineswegs mit einer antiaufklärerischen Feindschaft gegenüber der wissenschaftlichen und rationalen Erkenntnis einhergehen. Nicht wenige Denker der Aufklärung waren religiös-gläubig, aber dennoch um den rational-wissenschaftlichen Zugang zur Wirklichkeit bemüht.

Im 20. Jahrhundert war es der belgische Physiker und katholische Abbe Georges Henri Lemaitre, der aus Einsteins Relativitätstheorie heraus die Urknalltheorie entwickelte. Gleichzeitig verwahrte er sich dagegen, diese als Beweis für die Genesis zu betrachten.

Die Funktion der Religion besteht nicht in der Erklärung und Erforschung der Naturgesetze. Dies obliegt der Wissenschaft. Die Wissenschaft, genauer genommen die Naturwissenschaften, behandeln die grundlegende Frage, wie die äußere Welt der Formen entstand und sich weiterentwickelt. Die Religion beschäftigt sich dagegen mit der Frage, warum die äußere Welt der Formen existiert. Was ist der Sinn ihrer Existenz? Warum existieren wir als Menschen in der Welt der Formen? Und in diesem Sinne sollte man Religionen als Arbeitshypothesen verwenden, um für sich zur höheren Erkenntnis zu gelangen.